人生のバッターボックスに立ったら、
見送りの三振だけはするなよ。

明日死ぬと思って生きなさい。

どの道を行くかは、あなたがどこに行きたいかによ

見つけよう！ ぼくの、わたしの、座《ざ》右《ゆう》の銘《めい》

人生

1

教育画劇

はじめに

座右《ざゆう》の銘《めい》ってなんだろう？

「座右《ざゆう》」というのは座席《ざせき》の右《みぎ》を指《さ》し、〝すぐそば〟を表《あらわ》します。「銘《めい》」は金属《きんぞく》や石《いし》に刻《きざ》んで記《しる》すことで、そこから〝心《こころ》に刻《きざ》んで忘《わす》れない〟という意味《いみ》があります。つまり、座右《ざゆう》の銘《めい》とは、心《こころ》にいつも留《と》めておく大切《たいせつ》な言葉《ことば》なのです。

さて、どんな言葉《ことば》をきみの座右《ざゆう》の銘《めい》にしたらいいでしょう。言葉《ことば》の持《も》つ力《ちから》は様々《さまざま》です。迷《まよ》ったときは左《ひだり》の五《いつ》つの力《ちから》を考《かんが》えたり、4ページの「キーワード別名言《べつめいげん》さくいん」を参考《さんこう》にしてください。けれども、一番《いちばん》よい決《き》め方《かた》は、何《なに》よりきみが心《こころ》から好《す》きになった言葉《ことば》ですよ。

一、その言葉《ことば》にはげまされる
一、その言葉《ことば》にいやされる
一、なやんだ時《とき》の道《みち》しるべとなる
一、過《あやま》ちのないように戒《いまし》めとする
一、がんばる力《ちから》がわいてくる

身近《みぢか》な人《ひと》に座右《ざゆう》の銘《めい》を聞《き》いてみよう

おじいちゃん

わしの座右《ざゆう》の銘《めい》は、**「人《ひと》の一生《いっしょう》は重荷《おもに》を負《お》いて遠《とお》き道《みち》を行《ゆ》くがごとし、急《いそ》ぐべからず」**じゃよ。江戸幕府《えどばくふ》を開《ひら》いた徳川家康《とくがわいえやす》の言葉《ことば》じゃ。人生《じんせい》は長《なが》く苦《くる》しいものだから、あせってはいけない。「急《いそ》ぐべからず」じゃ。

小学校《しょうがっこう》の先生《せんせい》

座右《ざゆう》の銘《めい》ですか？**「一期一会《いちごいちえ》」**ですね。井伊直弼《いいなおすけ》という幕末《ばくまつ》の大老《たいろう》が、茶《ちゃ》の湯《ゆ》の心得《こころえ》として言《い》った言葉《ことば》です。この言葉《ことば》を胸《むね》に、生徒《せいと》との一度《いちど》きりの出《で》会《あ》いを大切《たいせつ》にしています。

近所《きんじょ》のお兄《にい》さん

「僕《ぼく》の前《まえ》に道《みち》はない　僕《ぼく》の後《うし》ろに道《みち》は出来《でき》る」が好《す》きだな。高村光太郎《たかむらこうたろう》の『道程《どうてい》』という詩《し》の一節《いっせつ》だよ。ぼくも、自分《じぶん》の進《すす》む道《みち》を自分《じぶん》の足《あし》で開《かい》たくしたいなあ。

もくじ

はじめに——2
キーワード別《べつ》名言《めいげん》さくいん——4

先《さき》のことがわからなくてもこわくない 6
自分自身《じぶんじしん》の道《みち》を行《い》こう 8
いかに生《い》きるべきか 10
生《い》きるコツってあるのかな？ 14
だれにだってつらいときはある 16
人生《じんせい》に役立《やくだ》つ“表《おもて》と裏《うら》の考《かんが》え方《かた》トレーニング” 18
人生《じんせい》とともにあるもの、それは“時間《じかん》” 22
生《い》きることは自然《しぜん》と深《ふか》く関《かか》わっている 24
笑《わら》いには力《ちから》がある！ 26
幸《しあわ》せを見《み》つけるために 30

コラム

ミニ伝記《でんき》コーナー 生《い》き方《かた》そのものが座右《ざゆう》の銘《めい》だ！——12
背筋《せすじ》がのびる 座右《ざゆう》の銘《めい》T《ティー》シャツ——20
人生《じんせい》を切《き》り開《ひら》く じゅもんを手《て》に入《い》れよう——21
自分《じぶん》で作《つく》ろう オリジナル座右《ざゆう》の銘《めい》——28
いざ、さらば！ 人生最後《じんせいさいご》の言葉《ことば》たち——29

●この本《ほん》では、たくさんの名言《めいげん》や金言《きんげん》と出会《であ》えます。
●解説《かいせつ》には、言葉《ことば》の意味《いみ》を理解《りかい》するためのヒントがあります。
●文学《ぶんがく》、歴史《れきし》、科学《かがく》などの主要《しゅよう》な人物《じんぶつ》について知《し》ることができます。

フクロウ先生《せんせい》

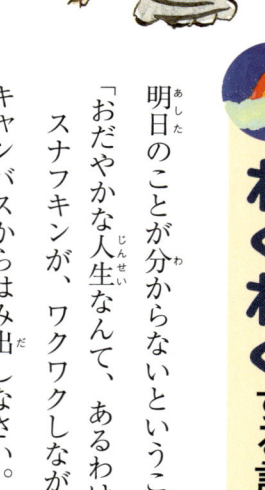

キーワード別《べつ》
名言《めいげん》さくいん

勇気《ゆうき》がわく言葉《ことば》

最初《さいしょ》の一歩《いっぽ》を踏《ふ》み出《だ》しなさい。階段全体《かいだんぜんたい》を見《み》る必要《ひつよう》はない。ただ、最初《さいしょ》の一段《いちだん》を上《のぼ》りなさい。　6
人生《じんせい》を恐《おそ》れてはいけない。人生《じんせい》に必要《ひつよう》なものは……　7
もともと地上《ちじょう》に道《みち》はない。歩《ある》く人《ひと》が多《おお》くなれば……　9
第三者《だいさんしゃ》の評価《ひょうか》を意識《いしき》した生《い》き方《かた》はしたくありません……　10
笑《わら》われるのを恐《おそ》れるよりは心《こころ》にないことを云《い》うのを恐《おそ》れなければいけない。　11
上《うえ》を見続《みつづ》ける…　それが生《い》きるコツさ…　14
それでも人生《じんせい》にイエスと言《い》う　16
生《い》きることが、もちろん人生《じんせい》の最高《さいこう》の目標《もくひょう》なのだ。　16
人生《じんせい》は往復切符《おうふくきっぷ》を発行《はっこう》してはいません。ひとたび……　19
花《はな》はなぜうつくしいか ひとすじの気持《きも》ちで咲《さ》いているからだ　25
何《なん》でも妙《みょう》なことにぶつかったら、笑《わら》うってことが一番《いちばん》かしこい手《て》っ取《と》り早《ばや》い返答《へんとう》なんで……　27
人生《じんせい》を幸福《こうふく》にするためには、日常《にちじょう》の瑣事《さじ》を……　31

わくわくする言葉《ことば》

明日《あした》のことが分《わ》からないということは……　7
「おだやかな人生《じんせい》なんて、あるわけがないですよ」スナフキンが、ワクワクしながらいいました。　7
キャンバスからはみ出《だ》しなさい。　10
老《お》いたから遊《あそ》ばなくなるのではない……　11
楽《たの》しまずして何《なん》の人生《じんせい》ぞや。　15
長《なが》い目《め》で見《み》れば人生《じんせい》にはムダがない。　19
君《きみ》の将来《しょうらい》の図面《ずめん》を引《ひ》くんだ。ただし、鉛筆《えんぴつ》でな……　19
この地球《ちきゅう》では　いつもどこかで朝《あさ》がはじまっている　22
最《もっと》も長生《ながい》きした人間《にんげん》とは、最《もっと》も年《とし》を経《へ》た人間《にんげん》のことではない。最《もっと》も人生《じんせい》を楽《たの》しんだ人間《にんげん》のことである。　26
幸《しあわ》せを手《て》に入《い》れるんじゃない。幸《しあわ》せを感《かん》じることの……　31

やる気《き》が出《で》る言葉《ことば》

人生《じんせい》という本《ほん》には、うしろのほうに答《こた》えが書《か》いて……　6
通知表《つうちひょう》は0じゃなければええ。1とか2とか足《た》していけば5になる……　6
自分《じぶん》の道《みち》を進《すす》む人《ひと》は、誰《だれ》でも英雄《えいゆう》です。　9
一日生《いちにちい》きることは、一歩進《いっぽすす》むことでありたい。　10
人生《じんせい》のバッターボックスに立《た》ったら、見送《みおく》りの三振《さんしん》だけはするなよ。　15

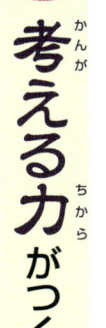

今日《きょう》なしうることを明日《あした》にのばすな。 18
一日一生《いちにちいっしょう》。一日《いちにち》は貴《とうと》い一生《いっしょう》である…… 22

心《こころ》をほぐす言葉《ことば》

自分《じぶん》を好《す》きになったほうがいい…… 14
雨《あめ》は一人《ひとり》だけに降《ふ》り注《そそ》ぐわけではない。 16
美《うつく》しいバラはトゲの上《うえ》に咲《さ》く。悲《かな》しみのあとには…… 17
何事《なにごと》によらず、明日《あした》にのばせる事《こと》は、明日《あした》に…… 18
どうして、自分《じぶん》を責《せ》めるんですか? 他人《たにん》がちゃんと
必要《ひつよう》なときに責《せ》めてくれるんだから…… 18
時間《じかん》こそが、心《こころ》の傷《きず》の妙薬《みょうやく》なのです。 23
涙《なみだ》がこぼれる程《ほど》だとたとえに云《い》うが、
涙《なみだ》が出《で》る位《くらい》なら安心《あんしん》なものだ。涙《なみだ》が出《で》るうちは…… 26
毎日《まいにち》の中《なか》で一番《いちばん》ムダに過《す》ごされたのは一度《いちど》も…… 27
幸福《こうふく》とは勝《か》ち取《と》るものでなく、育《そだ》てるもの…… 31

ひらめきにつながる言葉《ことば》

ときには踏《ふ》みならされた道《みち》をはなれ、森《もり》の中《なか》に…… 8
人《ひと》の世《よ》に道《みち》は一《ひと》つということはない。道《みち》は百《ひゃく》も千《せん》も…… 9
あなた自身《じしん》をはげますいちばんいい方法《ほうほう》は…… 17
明日《あした》は明日《あした》の風《かぜ》が吹《ふ》く。 17

ムダなことを考《かんが》えて、ムダなことをしないと…… 19
私《わたし》たちは、パパラギの小《ちい》さな丸《まる》い時間機械《じかんきかい》を打《う》ちこわし、
彼《かれ》らに教《おし》えてやらねばならない…… 23
笑《わら》うのは幸福《こうふく》だからではない。むしろ、笑《わら》うから…… 26
一流《いちりゅう》の人物《じんぶつ》というのは、ユーモアのセンスを必《かなら》ず持《も》つ。 27
人間《にんげん》は自分《じぶん》が幸福《こうふく》だということを知《し》らないから…… 30
みんなが考《かんが》えているよりずっとたくさんの「幸福《こうふく》が」…… 30

考《かんが》える力《ちから》がつく言葉《ことば》

どの道《みち》を行《い》くかは、あなたがどこに行《い》きたいかに…… 8
道《みち》を知《し》っていることと実際《じっさい》に歩《ある》くことはちがう。 8
明日《あした》死《し》ぬと思《おも》って生《い》きなさい。
永遠《えいえん》に生《い》きると思《おも》って学《まな》びなさい。 11
タフでなかったら、生《い》きていられない…… 14
最《もっと》も強《つよ》い種《しゅ》が生《い》き残《のこ》るのではなく、最《もっと》も賢《かしこ》い種《しゅ》が…… 15
己《おのれ》を責《せ》めて、人《ひと》を責《せ》めるな。 18
ゆく河《かわ》の流《なが》れは絶《た》えずして、しかも、もとの水《みず》に…… 22
時間《じかん》とは、生《い》きるということ、そのもの。そして…… 23
大地《だいち》は人間《にんげん》のものではない。人間《にんげん》が大地《だいち》のものなのだ。 24
人間《にんげん》はひとくきの葦《あし》にすぎない。自然《しぜん》の中《なか》で最《もっと》も…… 24
ぼくのおじいさんが言《い》ってんのさ。一粒《ひとつぶ》の米《こめ》の中《なか》…… 24
木《き》も、岩《いわ》も、風《かぜ》も、あらゆるものがたましいを…… 25
人《ひと》が幸福《こうふく》を口《くち》にする時《とき》、幸福《こうふく》はすでに逃《に》げ去《さ》っている。 30

先《さき》のことがわからなくてもこわくない

人生《じんせい》の答《こた》えは一《ひと》つじゃない。いろんなことにチャレンジしよう

人生《じんせい》という本《ほん》には、うしろのほうに答《こた》えが書《か》いてあるわけじゃない。

チャールズ・M・シュルツ（まん画家《がか》）1922〜2000

人生《じんせい》を本《ほん》にたとえたら、作者《さくしゃ》はきみ自身《じしん》。今《いま》まさに、日々《ひび》書《か》きこんでいるんだよ。未来《みらい》のページをのぞいてみても白紙《はくし》だけ。ドリルみたいに答《こた》えはない。未来《みらい》が決《き》まっていないのは、その分《ぶん》、可能性《かのうせい》に満《み》ちているってことだ。

歩《あゆ》み出《だ》そう。あとは自《おの》ずと動《うご》き出《だ》す！

最初《さいしょ》の一歩《いっぽ》を踏《ふ》み出《だ》しなさい。階段全体《かいだんぜんたい》を見《み》る必要《ひつよう》はない。ただ、最初《さいしょ》の一段《いちだん》を上《のぼ》りなさい。

マーティン・ルーサー・キングJr（牧師《ぼくし》・活動家《かつどうか》）1929〜1968

キング牧師《ぼくし》は、アメリカの人種《じんしゅ》差別《さべつ》に反対《はんたい》し、黒人解放運動《こくじんかいほううんどう》を指導《しどう》した人物《じんぶつ》。1964年《ねん》にノーベル平和賞《へいわしょう》を受賞《じゅしょう》したんだ。

人生《じんせい》は何《なに》もしなければ0のままだけど…

通知表《つうちひょう》は0じゃなければええ。1とか2とか足《た》していけば5になる。人生《じんせい》は総合力《そうごうりょく》。

島田洋七《しまだようしち》（まん才師《ざいし》）1950〜

勉強《べんきょう》ができない孫《まご》に向《む》けて言《い》った、おばあさんの言葉《ことば》だよ。小《ちい》さな力《ちから》でも積《つ》み重《かさ》ねていけば、いつか大《おお》きな力《ちから》になるぞ。

どんなときでも明日《あした》への好奇心《こうきしん》を忘《わす》れずに

明日《あした》のことが分《わ》からないということは人《ひと》の生《い》きる愉《たの》しさをつないでゆくものだ。

室生犀星《むろうさいせい》（詩人《しじん》・小説家《しょうせつか》）1889〜1962

一見楽観的《いっけんらっかんてき》に聞《き》こえるこの言葉《ことば》。けれど室生犀星《むろうさいせい》は、本当《ほんとう》の両親《りょうしん》を知《し》らずに育《そだ》ち、苦労《くろう》をした人《ひと》なんだ。不安《ふあん》で苦《くる》しくても、「明日《あした》は何《なに》が起《お》こるだろう」そう思《おも》ってわくわくする。人生《じんせい》を楽《たの》しむ力《ちから》を養《やしな》えば、きっと光《ひかり》が見《み》えてくる。

人生《じんせい》に冒険《ぼうけん》を求《もと》めよう。そうすればちょっとやそっとではへこたれない

「おだやかな人生《じんせい》なんて、あるわけがないですよ」スナフキンが、ワクワクしながらいいました。

トーベ・ヤンソン（画家《がか》・童話作家《どうわさっか》）1914〜2001

スナフキンは童話《どうわ》ムーミン・シリーズの登場人物《とうじょうじんぶつ》。自由《じゆう》と音楽《おんがく》を愛《あい》し、一年《いちねん》のほとんどを旅《たび》しているよ。

生《い》きていくための力《ちから》は自分自身《じぶんじしん》の中《なか》にある

人生《じんせい》を恐《おそ》れてはいけない。人生《じんせい》に必要《ひつよう》なものは、勇気《ゆうき》と、想像力《そうぞうりょく》と、少《すこ》しのお金《かね》だ。

チャールズ・チャップリン（映画俳優《えいがはいゆう》・かんとく）1889〜1977

勇気《ゆうき》を持《も》つと実行《じっこう》できる。想像力《そうぞうりょく》があると、何《なに》を実行《じっこう》するか、その内容《ないよう》がより豊《ゆた》かになる。

人生《じんせい》という旅《たび》に出《で》たきみへ

明日《あした》のことや将来《しょうらい》のことを楽《たの》しみにしつつ、目《め》の前《まえ》に広《ひろ》がる“今《いま》”を大切《たいせつ》に生《い》きていこう。

出典《しゅってん》　『スヌーピーたちの人生案内』チャールズ・M・シュルツ（主婦の友社）、『佐賀のがばいばあちゃん』島田洋七（徳間書店）、『明日になって見ないと』室生犀星、『ムーミン谷の名言集』ユッカ・パルッキネン 編（講談社）、映画『ライムライト』監督・主演　チャールズ・チャップリン

自分自身《じぶんじしん》の道《みち》を行《い》こう

自分《じぶん》が本当《ほんとう》は何《なに》をしたいか知《し》ってる？

どの道《みち》を行《い》くかは、あなたがどこに行《い》きたいかによります。

ルイス・キャロル（童話作家《どうわさっか》・数学者《すうがくしゃ》）1832〜1898

大《おお》げさな言《い》い方《かた》だけど、きみが〝人生《じんせい》の岐路《きろ》〟に立《た》ったとき（岐路《きろ》は分かれ道《みち》のこと）、どうするかはできるだけ自分《じぶん》で決《き》めてほしいんだ。きみはあれこれ考《かんが》えて決断《けつだん》するだろう。なやみながらも自分《じぶん》を見《み》つめることが大切《たいせつ》なんだよ。

大事《だいじ》なのは経験《けいけん》だ

道《みち》を知《し》っていることと実際《じっさい》に歩《ある》くことはちがう。

映画《えいが》『マトリックス』より

本《ほん》で読《よ》んだりテレビで見《み》たりしただけでは感《かん》じられないことがある。実際《じっさい》に経験《けいけん》することが、自分《じぶん》の力《ちから》を育《そだ》ててゆくんだ。

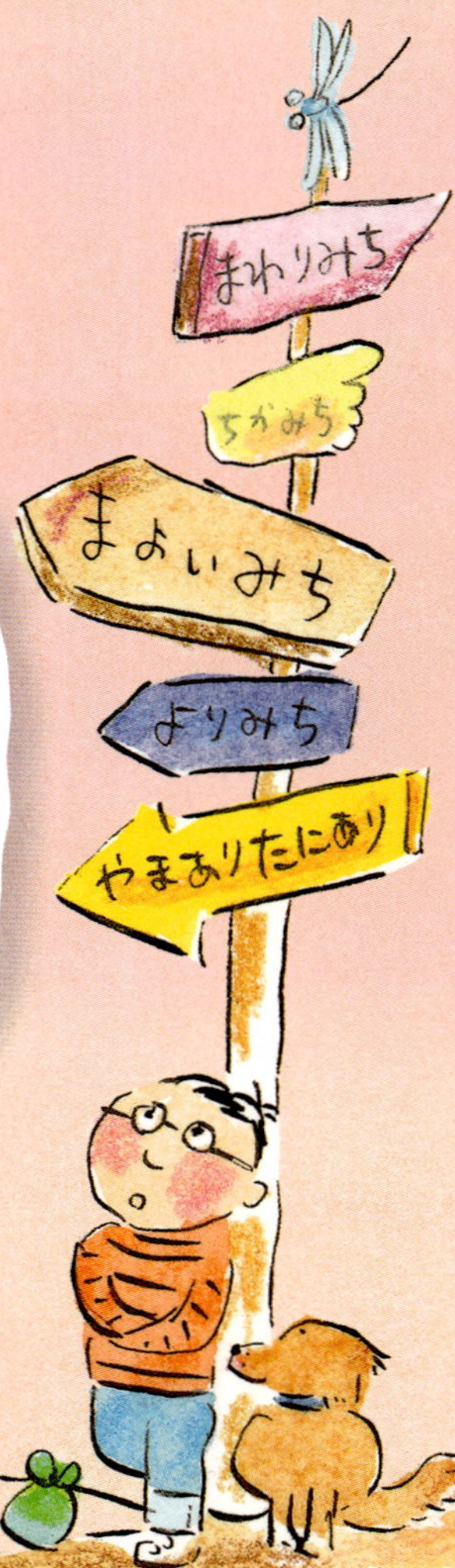

道草《みちくさ》でしか得《え》られないこともある

ときには踏《ふ》みならされた道《みち》をはなれ、森《もり》の中《なか》に入《はい》ってみなさい。

グラハム・ベル（発明家《はつめいか》）1847〜1922

ときにはみんなとちがう方向《ほうこう》に進《すす》んでみる。すばらしいアイディアがうかぶかも。電話機《でんわき》を発明《はつめい》した、グラハム・ベルのようにね。

自分《じぶん》の可能性《かのうせい》を自分《じぶん》で閉《と》ざさないこと

人《ひと》の世《よ》に道《みち》は一《ひと》つということはない。道《みち》は百《ひゃく》も千《せん》も万《まん》もある。

司馬遼太郎《しばりょうたろう》（小説家《しょうせつか》）1923〜1996

〝継続《けいぞく》は力《ちから》なり〟という言葉《ことば》がある。一《ひと》つのことをずっと続《つづ》けるのはとてもすごいことだ。ただ、道《みち》は決《けっ》して一《ひと》つじゃない。行《ゆ》きづまったときは、「この道《みち》しかない」「この方法《ほうほう》しかない」と思《おも》いつめすぎずに、新《あたら》しい道《みち》を切《き》り開《ひら》いてみよう。

よりよい未来《みらい》へつながる道《みち》には、きっと人《ひと》が続《つづ》く！

もともと地上《ちじょう》に道《みち》はない。歩《ある》く人《ひと》が多《おお》くなれば、それが道《みち》になるのだ。

魯迅《ろじん》（文学者《ぶんがくしゃ》・思想家《しそうか》）1881〜1936

例《たと》えば、小《ちい》さな平和運動《へいわうんどう》が、やがて世界《せかい》を変《か》えるかもしれない。だから、自分《じぶん》がいいと思《おも》った方《ほう》へ進《すす》む勇気《ゆうき》を持《も》とう。

堂々《どうどう》と気持《きも》ちよく歩《ある》いていこう

自分《じぶん》の道《みち》を進《すす》む人《ひと》は、誰《だれ》でも英雄《えいゆう》です。

ヘルマン・ヘッセ（小説家《しょうせつか》）1877〜1962

自分《じぶん》で考《かんが》えて決《き》めた道《みち》を進《すす》んで、歩《あゆ》み続《つづ》ける。これを実行《じっこう》している人《ひと》はとてもかっこいいね。

自分《じぶん》の道《みち》を探《さが》しているきみへ

いろんなことを試《ため》してみよう。
行《い》きたい方向《ほうこう》が見《み》つかるまで。
道《みち》は、千《せん》も万《まん》もあるのだから。

出典《しゅってん》　『不思議の国のアリス』ルイス・キャロル、『故郷』魯迅、『竜馬がゆく』司馬遼太郎（文藝春秋）

いかに生《い》きるべきか

今日《きょう》の自分《じぶん》は
昨日《きのう》の自分《じぶん》より
ちょっとスゴイ

一日《いちにち》生《い》きることは、一歩《いっぽ》進《すす》むことでありたい。

湯川秀樹《ゆかわひでき》（理論物理学者《りろんぶつりがくしゃ》）1907〜1981

算数《さんすう》の問題《もんだい》が解《と》けた。友《とも》だちと仲直《なかなお》りができた。家《いえ》のお手伝《てつだ》いを覚《おぼ》えた。なんでもいい、一歩進《いっぽすす》むんだ。朝《あさ》が来《く》るたびに生《う》まれ変《か》わるような勢《いきお》いを、きみは持《も》っているんだよ。湯川秀樹《ゆかわひでき》は、日本人《にほんじん》で初《はじ》めてのノーベル賞受賞者《しょうじゅしょうしゃ》。

ワクにとらわれないように

キャンバスからはみ出《だ》しなさい。

岡本太郎《おかもとたろう》（芸術家《げいじゅつか》）1911〜1996

常識《じょうしき》にとらわれすぎない、やわらかい頭《あたま》を持《も》とう。岡本太郎《おかもとたろう》は大阪《おおさか》の「太陽《たいよう》の塔《とう》」の作者《さくしゃ》。

人《ひと》の目《め》を気《き》にしてしまうときは…

第三者《だいさんしゃ》の評価《ひょうか》を意識《いしき》した生《い》き方《かた》はしたくありません。自分《じぶん》が納得《なっとく》した生《い》き方《かた》をしたいです。

イチロー（野球選手《やきゅうせんしゅ》）1973〜

「第三者《だいさんしゃ》」とは、本人《ほんにん》と無関係《むかんけい》の他人《たにん》のこと。心《こころ》ない言葉《ことば》に左右《さゆう》されないよう、強《つよ》い心《こころ》を持《も》とう。

毎日《まいにち》は同《おな》じくり返《かえ》しなんかじゃない

明日《あした》死《し》ぬと思《おも》って生《い》きなさい。永遠《えいえん》に生《い》きると思《おも》って学《まな》びなさい。

マハトマ・ガンジー（インド独立運動《どくりつうんどう》の指導者《しどうしゃ》・思想家《しそうか》）1869〜1948

今日限《きょうかぎ》りの命《いのち》だったら、きみは何《なに》をしたい？ 何《なに》を大切《たいせつ》にする？ 勉強《べんきょう》はするのかな？ 今目《いまめ》の前《まえ》にあるするべきことは、明日《あした》にのばしていいことなんだろうか。生《い》きることとは常《つね》に何《なに》かを学《まな》んでいくということなんじゃないかな？

わくわくどきどき遊《あそ》ぼう！ 遊《あそ》ぼう！

老《お》いたから遊《あそ》ばなくなるのではない。遊《あそ》ばなくなるから老《お》いるのだ。

バーナード・ショー（劇作家《げきさっか》）1856〜1950

遊《あそ》ぶということは、なまけることじゃない。心《こころ》から楽《たの》しむということなんだ。

心《こころ》と行動《こうどう》は合《あ》っていたほうがよい

笑《わら》われるのを恐《おそ》れるよりは心《こころ》にないことを云《い》うのを恐《おそ》れなければいけない。

武者小路実篤《むしゃのこうじさねあつ》（小説家《しょうせつか》）1885〜1976

自分《じぶん》の考《かんが》えが笑《わら》われたらいやだからと、本心《ほんしん》でないことを言《い》わないこと。自分《じぶん》の思《おも》いや意見《いけん》を大事《だいじ》にしよう。

生《い》き方《かた》がわからないときは

何《なに》がしたいかわからないときは、逆《ぎゃく》に、これだけはしたくないってことを決《き》めておくのもいいかもね。

出典《しゅってん》『夢をつかむイチロー262のメッセージ』（ぴあ）、『幸福者』武者小路実篤

ミニ伝記《でんき》コーナー

生《い》き方《かた》そのものが座右《ざゆう》の銘《めい》だ！

いろいろな人物《じんぶつ》の人生《じんせい》をのぞいてみよう。生涯《しょうがい》忘《わす》れられない生《い》き方《かた》と出会《であ》うはず。

気《き》に入《い》った言葉《ことば》の人《ひと》の伝記《でんき》を読《よ》んでみよう。あこがれたり、世界《せかい》が広《ひろ》がったりするだろう。好《す》きになった人物《じんぶつ》は、自分《じぶん》の心《こころ》の友《とも》だちにするのだ。ここでは3人紹介《にんしょうかい》するよ。

トーベ・ヤンソン

アトリエは無人島《むじんとう》に建《た》てた手作《てづく》りの小屋《こや》

「ムーミン」の作者《さくしゃ》トーベ・ヤンソンは、フィンランドのヘルシンキに生《う》まれました。彫刻家《ちょうこくか》の父《ちち》と画《が》家《か》の母《はは》をもち、幼《おさな》い頃《ころ》から芸術《げいじゅつ》に親《した》しんで育《そだ》ちます。41歳《さい》のときのこと、「歩《ある》いて約《やく》8分《ぶん》で一周《いっしゅう》してしまう無人島《むじんとう》」に上陸《じょうりく》し、仲間《なかま》といっしょに長《なが》い月日《つきひ》をかけて小屋《こや》を建《た》て、アトリエにしました。電気《でんき》も水道《すいどう》も電話《でんわ》もない島《しま》で、自然《しぜん》とともに楽《たの》しく過《す》ごし、豊《ゆた》かな自然《しぜん》をえがいた数々《かずかず》の作品《さくひん》を生《う》み続《つづ》けました。

湯川秀樹

（ゆかわ ひでき）

「日本人《にほんじん》だってノーベル賞《しょう》がもらえるはずだ」

本《ほん》がたくさんある図書館《としょかん》のような家《いえ》で、父親《ちちおや》から「自分《じぶん》の好《す》きな学問《がくもん》を深《ふか》く学《まな》びなさい」と言《い》い聞《き》かされて育《そだ》ちました。理論物理学《りろんぶつりがく》の道《みち》を選《えら》んだものの、日本《にほん》には良《よ》い先生《せんせい》がいません。次々《つぎつぎ》に成果《せいか》を上《あ》げる海外《かいがい》の研究者《けんきゅうしゃ》たちとの差《さ》にあせりながらも、世界《せかい》の最前線《さいぜんせん》に追《お》いつき、新《あたら》しい発見《はっけん》をしようと力《ちから》をつくしました。そうして、とうとう日本人初《にほんじんはつ》のノーベル賞《しょう》となる「中間子《ちゅうかんし》」の考《かんが》えにたどり着《つ》いたのです。

未知《みち》の世界《せかい》を探究《たんきゅう》する人々《ひとびと》は、地図《ちず》を持《も》たない旅行者《りょこうしゃ》である。

理論物理学者《りろんぶつりがくしゃ》

1907～1981

出典：『旅人』湯川秀樹（角川書店）　写真提供：毎日新聞社

さあ、さっと、思《おも》いたったときに決心《けっしん》しなくては。決心《けっしん》がにぶらないうちに、すばやく実行《じっこう》しなくては。

画家《がか》・童話作家《どうわさっか》

1914～2001

©Lehtikuva/PANA

チャールズ・チャップリン

なやみ苦《くる》しみ、最上《さいじょう》のユーモアを手《て》に入《い》れた

チャップリンの映画《えいが》は国境《こっきょう》を越《こ》えて愛《あい》され、今《いま》なお人々《ひとびと》に笑《わら》いと感動《かんどう》を与《あた》えています。喜劇王《きげきおう》と呼《よ》ばれますが、子《こ》ども時代《じだい》は貧《まず》しくつらい毎日《まいにち》でした。

彼《かれ》の初舞台《はつぶたい》にはこんなエピソードがあります。寄《よ》席芸人《せげいにん》の父《ちち》が亡《な》くなったとき、母《はは》は悲《かな》しみから舞台《ぶたい》の出演中《しゅつえんちゅう》に声《こえ》が出《で》なくなってしまいました。お客《きゃく》さんがののしり声《ごえ》をあびせるなか、彼《かれ》は舞台《ぶたい》に飛《と》び出《だ》し母《はは》の代《か》わりに懸命《けんめい》に歌《うた》を歌《うた》ったのです。歌《うた》い終《お》わらないうちに、場内《じょうない》は拍手《はくしゅ》と歓声《かんせい》でわきあがりました。たった5歳《さい》のときのことです。

人生《じんせい》はクローズアップで見《み》れば悲劇《ひげき》。だがロングショットで見《み》れば喜劇《きげき》だ。

映画俳優《えいがはいゆう》・かんとく

1889～1977

出典：『ムーミン谷の十一月』トーベ・ヤンソン（講談社）

生《い》きるコツってあるのかな？

自分《じぶん》のため、そして人《ひと》のため

タフでなかったら、生《い》きていられない。やさしくなれなかったら、生《い》きている資格《しかく》がない。

レイモンド・チャンドラー（推理小説家《すいりしょうせつか》）1888〜1959

タフとは打《う》たれ強《づよ》いこと。でも、強《つよ》いだけじゃ不足《ふそく》で、やさしさを持《も》つのが人《ひと》としての条件《じょうけん》だと言《い》うんだ。

うつむいていたら足下《あしもと》しか見《み》えないよ！

上《うえ》を見続《みつづ》ける…それが生《い》きるコツさ…

チャールズ・M・シュルツ（まん画家《がか》）1922〜2000

うつむいていても前《まえ》は見《み》えないね。上《うえ》を見《み》ればきれいな空《そら》に気《き》づくよ。つらくても自分《じぶん》の夢《ゆめ》や目標《もくひょう》を見上《みあ》げれば、明日《あした》はがんばろうと笑顔《えがお》が生《う》まれるかもしれない。チャールズ・M・シュルツは、スヌーピーを生《う》んだ作家《さっか》だ。

とっても素《そ》ぼくな方法《ほうほう》

自分《じぶん》を好《す》きになったほうがいい。長《なが》くつき合《あ》うんだから。

映画《えいが》『底抜《そこぬ》け大学教授《だいがくきょうじゅ》』より

これは、すぐに実行《じっこう》できるんじゃないかな。自分《じぶん》のことを好《す》きになったら、きっと自信《じしん》もわいてくる。

「つまんない」って言《い》ってない？

楽《たの》しまずして何《なん》の人生《じんせい》ぞや。

吉川英治《よしかわえいじ》（小説家《しょうせつか》）1892〜1962

つまらないことも、なんてつまらないんだと笑《わら》ってしまえば、なんだか楽《たの》しくなってくる。

“本気《ほんき》を出《だ》すべきとき”がきたら全力《ぜんりょく》でいどむんだ

人生《じんせい》のバッターボックスに立《た》ったら、見送《みおく》りの三振《さんしん》だけはするなよ。

小林《こばやし》 繁《しげる》（野球選手《やきゅうせんしゅ》）1952〜2010

毎日全力《まいにちぜんりょく》で過《す》ごしていたら、力《ちから》がつきてしまう。ただ、ここぞというチャンスのときがきたら、絶対《ぜったい》に全力《ぜんりょく》で向《む》かわなければいけない。たとえ失敗《しっぱい》しても、何《なに》もしないでくやしい思《おも》いをするより、成功《せいこう》に近《ちか》づいているはずだ。

生物《せいぶつ》の進化《しんか》の歴史《れきし》から学《まな》ぶべきこと

最《もっと》も強《つよ》い種《しゅ》が生《い》き残《のこ》るのではなく、最《もっと》も賢《かしこ》い種《しゅ》が生《い》き残《のこ》るのでもない。唯一《ゆいいつ》生《い》き残《のこ》るのは、変化《へんか》できる種《しゅ》である。

チャールズ・ダーウィン（生物学者《せいぶつがくしゃ》）1809〜1882

ダーウィンは、生物《せいぶつ》は環境《かんきょう》に合《あ》わせて変化《へんか》していくことを発見《はっけん》したんだ。これは人生《じんせい》にもいえる。心《こころ》も体《からだ》も臨機応変《りんきおうへん》でいよう。

よりよく生《い》きたいきみへ

このページの言葉《ことば》のほかにも、他《た》人《にん》の行動《こうどう》でいいなと思《おも》ったら、どんどんまねして生《い》きるコツを増《ふ》やしていこう。

出典《しゅってん》 『スヌーピーたちの人生案内』チャールズ・M・シュルツ（主婦の友社）、『プレイバック』レイモンド・チャンドラー（早川書房）、『親鸞』吉川英治（講談社）

だれにだって つらいときはある

つらさや
苦《くる》しさって、
まるで
雨《あめ》のようだ

雨《あめ》は一人《ひとり》だけに降《ふ》り注《そそ》ぐわけではない。

ヘンリー・W・ロングフェロー（詩人《しじん》）1807〜1882

雨《あめ》の日《ひ》に自分《じぶん》だけがぬれることはないように、つらいことはだれにでも起《お》こるんだ。つらいと思《おも》ったときは、周《まわ》りの人《ひと》を見《み》てごらん。その人《ひと》もきっと、雨《あめ》に降《ふ》られたことがあると思《おも》うよ。それに、雨《あめ》は必《かなら》ずやむものだ。

立《た》ち向《む》かう
しかない

それでも人生《じんせい》にイエスと言《い》う

ヴィクトール・E・フランクル（精神医学者《せいしんいがくしゃ》）1905〜1997

つらい思《おも》いをした人生《じんせい》を、否定《ひてい》しないで認《みと》める。心《こころ》の再生《さいせい》のために。フランクルはナチスの強制収容所《きょうせいしゅうようじょ》で生《い》き残《のこ》った人《ひと》なんだ。

人《ひと》はなぜ
生《い》きるのか？

生《い》きることが、もちろん人生《じんせい》の最高《さいこう》の目標《もくひょう》なのだ。

フランツ・グリルパルツァー（劇作家《げきさっか》）1791〜1872

心身《しんしん》ともにつかれているときは、シンプルな考《かんが》えが心《こころ》を元気《げんき》にしてくれる。生《い》きているだけで、すばらしい！　こんな言葉《ことば》もあるんだよ。

つらいときほど人《ひと》にやさしく

あなた自身《じしん》をはげますいちばんいい方法《ほうほう》は、だれかほかの人《ひと》をはげますことです。

マーク・トウェイン（小説家《しょうせつか》） 1835〜1910

自分《じぶん》が落《お》ちこんでいるとき、はげましてくれる人《ひと》がいたらうれしいよね。その逆《ぎゃく》に、人《ひと》をはげますことで、つらさを共《とも》にできたり、自分《じぶん》のなやみもたいしたことじゃなかったと思《おも》ったりして、自分《じぶん》も元気《げんき》になれることがあるよ。

前向《まえむ》きにいこう

明日《あした》は明日《あした》の風《かぜ》が吹《ふ》く。

マーガレット・ミッチェル（小説家《しょうせつか》） 1900〜1949

映画《えいが》『風《かぜ》と共《とも》に去《さ》りぬ』の主人公《しゅじんこう》、スカーレットのセリフ。明日《あした》は今日《きょう》とは別《べつ》の日《ひ》。気持《きも》ちも状況《じょうきょう》も変《か》わる！

今《いま》は苦《くる》しくても

美《うつく》しいバラはトゲの上《うえ》に咲《さ》く。悲《かな》しみのあとには必《かなら》ず喜《よろこ》びがある。

ウィリアム・スミス（地質学者《ちしつがくしゃ》） 1769〜1839

悪《わる》いことばかりずっと続《つづ》かないって、昔《むかし》からいろいろな人《ひと》が言《い》っている。

苦《くる》しみを乗《の》り越《こ》えたとき

きみは人《ひと》のつらい気持《きも》ちも想像《そうぞう》できるようになるだろう。それは、きみの人生《じんせい》をもっと豊《ゆた》かにするはずだ。

出典《しゅってん》 『それでも人生にイエスと言う』ヴィクトール・E・フランクル（春秋社）

人生《じんせい》に役立《やくだ》つ“表《おもて》と裏《うら》の考《かんが》え方《かた》トレーニング”

今日《きょう》なしうることを明日《あした》にのばすな。

ベンジャミン・フランクリン（政治家《せいじか》・科学者《かがくしゃ》）1706〜1790

今本当《いまほんとう》に大切《たいせつ》なことは何《なに》か！

今日《きょう》できることを今日《きょう》のうちにやると、明日《あした》は新《あたら》しいことができるね。明日《あした》にのばせることを明日《あした》にすると、その分今《ぶんいま》やりたいことが見《み》えてくる。今何《いまなに》をすべきかは自分《じぶん》の頭《あたま》できちんと考《かんが》えるんだよ。

何事《なにごと》によらず、明日《あした》にのばせる事《こと》は、明日《あした》にのばした方《ほう》がいい。

内田百閒《うちだひゃっけん》（小説家《しょうせつか》・ずい筆家《ひつか》）1889〜1971

どっちも正《ただ》しいよ

己《おのれ》を責《せ》めて、人《ひと》を責《せ》めるな。

徳川家康《とくがわいえやす》（将軍《しょうぐん》）1542〜1616

考《かんが》え方《かた》は時《とき》と場合《ばあい》で

どうして、自分《じぶん》を責《せ》めるんですか？他人《たにん》がちゃんと必要《ひつよう》なときに責《せ》めてくれるんだから、いいじゃないですか。

アルベルト・アインシュタイン（理論物理学者《りろんぶつりがくしゃ》）1879〜1955

人《ひと》より自分《じぶん》を見《み》よう。だけど、人《ひと》も自分《じぶん》も責《せ》めすぎたらいけないよ。

人《ひと》のせいにせず、自分《じぶん》を見《み》つめよう。自分《じぶん》で自分《じぶん》に打《う》ち勝《か》とうとする家康《いえやす》。責《せ》めるのは他人《たにん》に任《まか》せて、もっとほかにできることをしようとするアインシュタイン。考《かんが》え方《かた》はちがうけど、他人《たにん》に対《たい》する心《こころ》の広《ひろ》さを感《かん》じるね。

ムダなことを考《かんが》えて、ムダなことをしないと、伸《の》びません。

イチロー（野球選手《やきゅうせんしゅ》）1973〜

長《なが》い目《め》で見《み》れば人生《じんせい》にはムダがない。

本田宗一郎《ほんだそういちろう》（本田技研工業《ほんだぎけんこうぎょう》の創立者《そうりつしゃ》）1906〜1991

ムダも大事《だいじ》ということ

きっと何《なに》かにつながる

今《いま》は「ムダ」と思《おも》うことでも、いつかきみの力《ちから》になるかもしれない。だからムダは力強《ちからづよ》い味方《かた》だ。ムダなことをして、未来《みらい》の味方《みかた》を増《ふ》やしておくのは、決《けっ》してムダじゃないのだ。

人生《じんせい》は往復切符《おうふくきっぷ》を発行《はっこう》してはいません。ひとたび出立《しゅったつ》したら再《ふたた》び帰《かえ》ってきません。

ロマン・ロラン（小説家《しょうせつか》）1866〜1944

君《きみ》の将来《しょうらい》の図面《ずめん》を引《ひ》くんだ。ただし、鉛筆《えんぴつ》でな。それなら書《か》き直《なお》しができる。

ジョン・ボン・ジョヴィ（ミュージシャン）1962〜

持《も》ち物《もの》は“夢《ゆめ》”じゃ!

人生《じんせい》は何度《なんど》でもやり直《なお》せる。でも、今《いま》しかできないこともある!

人生《じんせい》は一度《いちど》きり。一《いっ》しゅん一《いっ》しゅんを大切《たいせつ》に生《い》きよう。でも、途中《とちゅう》で失敗《しっぱい》したら終《お》わりではないよ。失敗《しっぱい》したその場所《ばしょ》から新《あたら》しい目標《もくひょう》へ、好《す》きなだけレールをのばせばいいんだ。

物《もの》の見方《みかた》を養《やしな》いたいきみへ

物事《ものごと》には表《おもて》と裏《うら》の考《かんが》え方《かた》がある。前《まえ》から見《み》たり、後《うし》ろから見《み》たりして、やわらかい思考力《しこうりょく》を育《そだ》てよう。

出典《しゅってん》 『阿房列車』内田百閒、『夢をつかむイチロー262のメッセージ』（ぴあ）、『魅せられたる魂』ロマン・ロラン

背筋《せすじ》がのびる

座右《ざゆう》の銘《めい》T《ティー》シャツ

きみはどのT《ティー》シャツを着《き》てみたい?

野原《のはら》の見《み》え方《かた》がちがってくる

雑草《ざっそう》という名《な》の草《くさ》はない

牧野富太郎《まきのとみたろう》(植物学者《しょくぶつがくしゃ》)
1862~1957

「雑《ざっ》な草《くさ》」なんてない。草《くさ》にも花《はな》にも虫《むし》にもすべて名前《なまえ》がある。それぞれの一生《いっしょう》がある。ひとくくりにしていいものなんてないんだ。

"自分《じぶん》で選《えら》ぶ"。だからおもしろい

人生《じんせい》はセルフ・サービスだ

マルロ・モーガン(小説家《しょうせつか》)
1937~

精神《せいしん》を集中《しゅうちゅう》すべし!

いや、人生《じんせい》は気合《きあい》だね

二葉亭四迷《ふたばていしめい》(小説家《しょうせつか》)
1864~1909

欲望《よくぼう》にふりまわされない

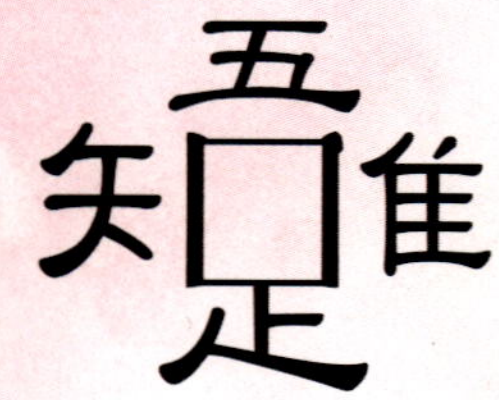

龍安寺《りょうあんじ》のつくばい
※つくばいは手《て》を清《きよ》めるところ。

肩《かた》の力《ちから》をぬこう

無理《むり》をするな、素直《すなお》であれ

種田山頭火《たねださんとうか》(俳人《はいじん》)
1882~1940

上《うえ》の不思議《ふしぎ》な図形《ずけい》は、真《ま》ん中《なか》の「口《くち》」を共有《きょうゆう》する4つの漢《かん》字《じ》を組《く》み合《あ》わせたものだ。「吾《われ》唯《ただ》足《たるヲ》知《しル》」と読《よ》む。「現状《げんじょう》に感謝《かんしゃ》し満《み》ち足《た》りたものと考《かんが》える心《こころ》の豊《ゆた》かさを大切《たいせつ》に」という意味《いみ》なんだよ。

出典《しゅってん》:『ミュータント・メッセージ』マルロ・モーガン(角川書店)

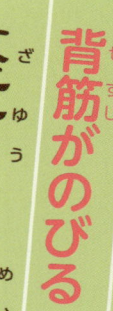

人生《じんせい》を切《き》り開《ひら》く
じゅもんを手《て》に入《い》れよう

唱《とな》えてみよう。口《くち》にするだけできっと力《ちから》がわくはず。

これでいいのだ

赤塚不二夫《あかつかふじお》（まん画家《がか》）
1935〜2008

主《おも》な ききめ

＊すべてを受《う》け入《い》れることで前向《まえむ》きになり力《ちから》がわく。迷《まよ》いや心配《しんぱい》を一気《いっき》にふき飛《と》ばす。

いいことがある ますますよくなる きっとよくなる かならずよくなる

中村天風《なかむらてんぷう》（ヨーガ行者《ぎょうじゃ》）
1876〜1968

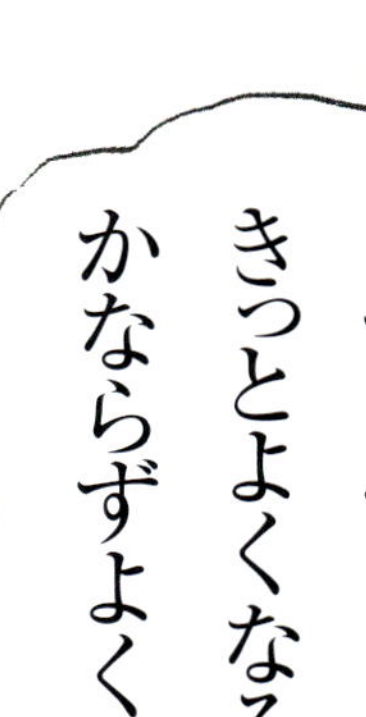

主《おも》な ききめ

＊明《あか》るい言葉《ことば》が明《あか》るい気持《きも》ちを呼《よ》ぶ。神社《じんじゃ》の縁起物《えんぎもの》のような効果《こうか》有《あ》り。

なせば成《な》る なさねば成《な》らぬ何事《なにごと》も 成《な》らぬは人《ひと》のなさぬなりけり

上杉鷹山《うえすぎようざん》（米沢藩主《よねざわはんしゅ》）
1751〜1822

主《おも》な ききめ

＊「やればできる、やらなければできない、できないのはやらないからだ」の意《い》。宿題《しゅくだい》や練習《れんしゅう》をあきらめそうになったとき、強《つよ》い気持《きも》ちがわき自分《じぶん》に打《う》ち勝《か》てる。

ぼくはぼくなのさ

トルーマン・カポーティ
（小説家《しょうせつか》）
1924〜1984

主《おも》な ききめ

＊あまりに当《あ》たり前《まえ》のことだけど、視《し》界《かい》がパッと開《ひら》ける。自分《じぶん》が好《す》きになる。

自分次第《じぶんしだい》でどうにでもなる

アンドレ・ジッド
（小説家《しょうせつか》）
1869〜1951

主《おも》な ききめ

＊自分《じぶん》には可能性《かのうせい》がたっぷりあることに気《き》づく。なぜなら、自分《じぶん》の力《ちから》を信《しん》じたからだ。

出典《しゅってん》：『天才バカボン』赤塚不二夫、『遠い声 遠い部屋』トルーマン・カポーティ（新潮社）

人生《じんせい》とともにあるもの、それは"時間《じかん》"

今《いま》このしゅん間《かん》にも「おはよう」って、だれかが言《い》っているんだね

この地球《ちきゅう》ではいつもどこかで朝《あさ》がはじまっている

谷川俊太郎《たにかわしゅんたろう》（詩人《しじん》）1931〜

地球《ちきゅう》を包《つつ》むように時間《じかん》は流《なが》れている。想像《そうぞう》しよう、知《し》らない国《くに》を照《て》らす朝日《あさひ》を。世界《せかい》にはたくさんの人《ひと》がいて、言語《げんご》や考《かんが》え方《かた》、見《み》た目《め》はちがっても、みんな地球《ちきゅう》という一《ひと》つの星《ほし》に住《す》む仲間《なかま》。様々《さまざま》な人《ひと》の新《あたら》しい朝《あさ》が始《はじ》まってゆくよ。

時間《じかん》はとどまることがない

ゆく河《かわ》の流《なが》れは絶《た》えずして、しかも、もとの水《みず》にあらず。

鴨長明《かものちょうめい》（歌人《かじん》）1155？〜1216

川《かわ》は常《つね》に流《なが》れ続《つづ》け、流《なが》れてくる水《みず》も同《おな》じものではないという意味《いみ》だ。"無常《むじょう》"という人生観《じんせいかん》の話《はなし》なんだよ。

一日一日《いちにちいちにち》を大切《たいせつ》にすべし

一日一生《いちにちいっしょう》。一日《いちにち》は貴《とうと》い一生《いっしょう》である。これを空費《くうひ》してはならない。

内村鑑三《うちむらかんぞう》（キリスト教思想家《きょうしそうか》）1861〜1930

長《なが》い一生《いっしょう》も、短《みじか》い一日《いちにち》の積《つ》み重《かさ》ね。その一日《いちにち》を一生《いっしょう》のように大切《たいせつ》に生《い》きて、貴重《きちょう》な時間《じかん》を積《つ》み重《かさ》ねていくことが大事《だいじ》なんだね。

イタイのイタイの ゆっくり飛《と》んでゆけ

時間《じかん》こそが、心《こころ》の傷《きず》の妙薬《みょうやく》なのです。

瀬戸内寂聴《せとうちじゃくちょう》（小説家《しょうせつか》・尼僧《にそう》）1922〜

心《こころ》が深《ふか》く傷《きず》ついてどうしようもなくなったときでも、時間《じかん》がゆっくりとその心《こころ》をいやしてくれる。

自分《じぶん》のペースを見失《みうしな》ったときに

私《わたし》たちは、パパラギの小《ちい》さな丸《まる》い時間機械《じかんきかい》を打《う》ちこわし、彼《かれ》らに教《おし》えてやらねばならない、日《ひ》の出《で》から日《ひ》の入《い》りまで、ひとりの人間《にんげん》には使《つか》いきれないほどたくさんの時間《じかん》があることを。

酋長《しゅうちょう》ツイアビ（サモア島《とう》の部族《ぶぞく》の長《おさ》）

南《みなみ》の島《しま》の原住民《げんじゅうみん》から見《み》ると、先進国《せんしんこく》の人々《ひとびと》（パパラギと呼《よ》んでいる）は、時計《とけい》が指《さ》し示《しめ》す時間《じかん》に追《お》われているように感《かん》じるんだね。

きみが生《う》まれたとき、きみの時間《じかん》が始《はじ》まった

時間《じかん》とは、生《い》きるということ、そのもの。そして人《ひと》のいのちは心《こころ》を住《す》みかとしている。

ミヒャエル・エンデ（児童文学作家《じどうぶんがくさっか》）1929〜1995

これは『モモ』という本《ほん》の中《なか》の言葉《ことば》。時間《じかん》どろぼうから時間《じかん》を人間《にんげん》に取《と》り返《かえ》す女《おんな》の子《こ》の物語《ものがたり》だ。時間《じかん》って、出来事《できごと》によって長《なが》く感《かん》じられたり一《いっ》しゅんに思《おも》えたりもする。きみの時間《じかん》はほかのだれでもなく、きみ自身《じしん》のものだよ。

時間《じかん》を上手《じょうず》に使《つか》いたいきみへ

時間《じかん》をどう使《つか》うかはきみ次第《しだい》！
ときには自分《じぶん》が好《す》きなことをする
自分《じぶん》だけの時間《じかん》をつくるといいよ。

出典《しゅってん》 『方丈記』鴨長明、『一日一生』内村鑑三、『朝のリレー』谷川俊太郎（『あさ／朝』所収　アリス館）、『パパラギ —はじめて文明を見た南海の酋長ツイアビの演説集』（立風書房）、『モモ』ミヒャエル・エンデ（岩波書店）

生《い》きることは自然《しぜん》と深《ふか》く関《かか》わっている

自然《しぜん》を大切《たいせつ》にしよう

大地《だいち》は人間《にんげん》のものではない。人間《にんげん》が大地《だいち》のものなのだ。

族長《ぞくちょう》シアトル（アメリカ先住民《せんじゅうみん》の族長《ぞくちょう》）1786?～1866

自然《しぜん》をどうとらえるか、それも人生《じんせい》に関《かか》わること。人《にん》間《げん》は、自分《じぶん》たちの都合《つごう》で勝手《かって》に自然《しぜん》をよごしたりこわしたりしていいのかな？　自然《しぜん》がなくなったらどうなるだろう。生物《せいぶつ》はみな、地球《ちきゅう》という大地《だいち》に生《い》かされているんだ。

人間《にんげん》の役割《やくわり》ってなんだろう？

人間《にんげん》はひとくきの葦《あし》にすぎない。自然《しぜん》の中《なか》で最《もっと》も弱《よわ》いものである。だが、それは考《かんが》える葦《あし》である。

ブレーズ・パスカル（哲学者《てつがくしゃ》）1623～1662

大自然《だいしぜん》の中《なか》では人間《にんげん》はちっぽけだ。でも、考《かんが》えることによって無限《むげん》の可能性《かのうせい》を持《も》っている。地球《ちきゅう》の未来《みらい》は人間次第《にんげんしだい》だ。

生命《せいめい》の源《みなもと》は食《た》べ物《もの》。食《た》べ物《もの》の源《みなもと》は？

ぼくのおじいさんが言《い》ってんのさ。一粒《ひとつぶ》の米《こめ》の中《なか》には七人《しちにん》の神様《かみさま》がいるって。だから一《ひと》粒《つぶ》でも残《のこ》したらバチがあたる。

水島新司《みずしましんじ》（まん画家《がか》）1939～

普段《ふだん》なにげなく食《た》べているものも、自然《しぜん》の中《なか》で手間《てま》をかけて作《つく》られている。決《けっ》して粗末《そまつ》にしてはいけないんだ。

生《い》きるうえで大事《だいじ》なことは、すべて自然《しぜん》の中《なか》にかくれている

花《はな》はなぜうつくしいか ひとすじの気《き》持《も》ちで咲《さ》いているからだ

八《や》木《ぎ》重吉《じゅうきち》(詩人《しじん》) 1898〜1927

着《き》飾《かざ》ったりすれば見《み》た目《め》はきれいに見《み》えるかもしれない。けれども、それは外見《がいけん》だけにすぎない。本当《ほんとう》に美《うつく》しい人《ひと》というのは、心《こころ》にぶれない一《ひと》つの強《つよ》い気《き》持《も》ちを持《も》っているものなんだ。野《の》の花《はな》からも人生《じんせい》を教《おそ》わることがあるよ。

感《かん》じ取《と》ろう、自然《しぜん》からの声《こえ》を

太古《たいこ》から人間《にんげん》は自然《しぜん》に育《そだ》てられてきたんだ。星野道夫《ほしのみちお》はアラスカの大自然《だいしぜん》を撮《と》り続《つづ》けた写真家《しゃしんか》。

木《き》も、岩《いわ》も、風《かぜ》も、あらゆるものがたましいをもってわたしたちを見《み》つめている。

星野道夫《ほしのみちお》(写真家《しゃしんか》) 1952〜1996

様々《さまざま》な生物《せいぶつ》がいるのはなぜ?

虫《むし》、鳥《とり》、動物《どうぶつ》。草《くさ》、木《き》、花《はな》。人間《にんげん》。この21世紀《せいき》に偶然《ぐうぜん》居《い》合《あ》わせた我《われ》ら。尊《とうと》い出会《であ》いを大切《たいせつ》にしよう。

出典《しゅってん》 『パンセ』パスカル、『ドカベン①』水島新司(秋田書店)、『花』八木重吉、『森に還る日』星野道夫(ＰＨＰ研究所)

笑《わら》いには力《ちから》がある！

楽《たの》しいことを増《ふ》やしていこう

最《もっと》も長生《ながい》きした人間《にんげん》とは、
最《もっと》も年《とし》を経《へ》た人間《にんげん》のことではない。
最《もっと》も人生《じんせい》を楽《たの》しんだ人間《にんげん》のことである。

ジャン・ジャック・ルソー（思想家《しそうか》）1712〜1778

「ああ、楽《たの》しかった」「やってみてよかったな」そんな時間《じかん》や一日《いちにち》を、どんどん増《ふ》やしていけたら素敵《すてき》だね。

うんと泣《な》いて、うんと笑《わら》って

涙《なみだ》がこぼれる程《ほど》だと
たとえに云《い》うが、
涙《なみだ》が出《で》る位《くらい》なら安心《あんしん》なものだ。
涙《なみだ》が出《で》るうちは
笑《わら》うことも出来《でき》るにきまってる。

夏目漱石《なつめそうせき》（小説家《しょうせつか》）1867〜1916

文豪《ぶんごう》、夏目漱石《なつめそうせき》からのはげましの言葉《ことば》だ。泣《な》いたり笑《わら》ったり気持《きも》ちが動《うご》くってことは、生《い》きる希望《きぼう》になるんだ。

“笑《わら》う門《かど》には福来《ふくきた》る”は、世界共通《せかいきょうつう》！

笑《わら》うのは幸福《こうふく》だからではない。
むしろ、笑《わら》うからこそ幸福《こうふく》なのだ。

アラン（哲学者《てつがくしゃ》）1868〜1951

笑《わら》うことで自分《じぶん》の気持《きも》ちが軽《かる》くなる。周《まわ》りの人《ひと》も明《あか》るくする。すると、自分自身《じぶんじしん》が幸福《こうふく》な気持《きも》ちで満《み》たされる。「笑《わら》うからこそ幸福《こうふく》」なのは、こうやってプラスの気持《きも》ちがめぐりめぐって自分《じぶん》にもどってくるからなんだね。

一日一笑《いちにちいっしょう》を心《こころ》がけるべし

毎日《まいにち》の中《なか》で一番《いちばん》ムダに過《す》ごされたのは一度《いちど》も笑《わら》わなかった日《ひ》である。

シャンフォール（文筆家《ぶんぴつか》）1741〜1794

笑《わら》うことがなければ、その日《ひ》一日《いちにち》にいろどりがなく、味気《あじけ》ないものとなってしまう。何《なに》かおかしなことをしてみんなで笑《わら》ってもいいし、なみだあり笑《わら》いありの物語《ものがたり》やマンガを読《よ》むのもいい。〝一日一笑《いちにちいっしょう》〟で豊《ゆた》かな毎日《まいにち》にしよう。

笑《わら》い飛《と》ばしちゃえ！

何《なん》でも妙《みょう》なことにぶつかったら、笑《わら》うってことが一番《いちばん》かしこい手《て》っ取《と》り早《ばや》い返答《へんとう》なんで、どんな目《め》にあおうと、とっておきの気休《きやす》めにならあ。

ハーマン・メルヴィル（小説家《しょうせつか》）1819〜1891

どうにかなるさと思《おも》って笑《わら》ったとたん、力《ちから》がわくこともある。楽観的《らっかんてき》になってみよう。

かっこいい大人《おとな》を観察《かんさつ》してごらん

一流《いちりゅう》の人物《じんぶつ》というのは、ユーモアのセンスを必《かなら》ず持《も》つ。

獅子文六《ししぶんろく》（小説家《しょうせつか》）1893〜1969

ユーモアを持《も》つ人《ひと》は、気持《きも》ちに余《よ》ゆうを持《も》っているもの。苦《くる》しいときも周《まわ》りを笑顔《えがお》にできる人《ひと》になりたいね。

笑《わら》いはいつでも元気《げんき》の素《もと》

笑《わら》うからこそ、真剣《しんけん》に集中《しゅうちゅう》するときもある。笑《わら》いは心《こころ》にメリハリをつける。笑《わら》いの力《ちから》を人生《じんせい》でうまく使《つか》おう。

出典《しゅってん》　『エミール』ジャン・ジャック・ルソー、『坑夫』夏目漱石（新潮社）、『幸福論』アラン、『ユーモリスト吉田』獅子文六

自分《じぶん》で作《つく》ろう

オリジナル座《ざ》右《ゆう》の銘《めい》

好《す》きな言葉《ことば》を入《い》れて、名言《めいげん》を完成《かんせい》させよう！

①我《わ》が辞《じ》書《しょ》に＿＿の文《も》字《じ》はない

②教《きょう》室《しつ》は＿＿（する）ところだ

③大《たい》切《せつ》なのは＿＿を持《も》ち続《つづ》けること

好《す》きな言葉《ことば》を入《い》れた名言《めいげん》は、きみにぴったりの座《ざ》右《ゆう》の銘《めい》になるだろう。さて、かっこいい名言《めいげん》はできたかな？ ホッホウ、たくさん作《つく》ってみるといいよ。

我《わ》が辞《じ》書《しょ》に敗《はい》北《ぼく》の文《も》字《じ》はない
我《わ》が辞《じ》書《しょ》に動《どう》物《ぶつ》がキライの文《も》字《じ》はない
教《きょう》室《しつ》はおべん当《とう》を食《た》べるところだ！
教《きょう》室《しつ》はおしゃべりをするところだ！
大《たい》切《せつ》なのは友《とも》だちを持《も》ち続《つづ》けること
大《たい》切《せつ》なのは夢《ゆめ》を持《も》ち続《つづ》けること、かな

もとの名言《めいげん》はこうじゃ！

1「我《わ》が辞書《じしょ》に**不可能**《ふかのう》の文字《もじ》はない」ナポレオン・ボナパルト（軍人《ぐんじん》、皇帝《こうてい》／1769～1821）

2「教室《きょうしつ》は**まちがう**ところだ」蒔田晋治《まきたしんじ》（詩人《しじん》／1925～）

3「大切《たいせつ》なのは**疑問**《ぎもん》を持《も》ち続《つづ》けること」アルベルト・アインシュタイン（18ページ）

出典：『教室はまちがうところだ』蒔田晋治（子どもの未来社）

いざ、さらば！
人生最後《じんせいさいご》の言葉《ことば》たち

最後《さいご》の言葉《ことば》から想像《そうぞう》してみよう。その人《ひと》の生《い》きた人生《じんせい》を。

おもしろきこともなき世《よ》におもしろく

高杉晋作《たかすぎしんさく》

（幕末《ばくまつ》の志士《しし》）
1839〜1867

高杉晋作《たかすぎしんさく》は下級武《かきゅうぶ》士《し》や普通《ふつう》の民《たみ》から志《し》願者《がんしゃ》を集《あつ》め、今《いま》までにない外国式《がいこくしき》の軍隊《ぐんたい》「奇兵隊《きへいたい》」を作《つく》った。明治維新《めいじいしん》のきっかけを作《つく》った人物《じんぶつ》だ。

旅《たび》に病《や》んで夢《ゆめ》は枯野《かれの》をかけめぐる

松尾芭蕉《まつおばしょう》

（俳人《はいじん》）
1644〜1694

何度《なんど》も旅《たび》を重《かさ》ねて、多《おお》くの名句《めいく》と紀行文《きこうぶん》を残《のこ》す。旅《たび》で独自《どくじ》の作風《さくふう》をみがき、単《たん》なる言葉遊《ことばあそ》びだった俳諧《はいかい》を芸術《げいじゅつ》に高《たか》めた。

諸君《しょくん》、喝采《かっさい》を、喜劇《きげき》は終《お》わった。

ベートーヴェン

（作曲家《さっきょくか》）
1770〜1827

幼《おさな》い頃《ころ》に音楽《おんがく》の才能《さいのう》を開花《かいか》させ、数々《かずかず》の名演奏《めいえんそう》を行《おこな》う。27歳《さい》で自分《じぶん》の難聴《なんちょう》に気《き》づくが、天才的《てんさいてき》な才能《さいのう》とたゆまぬ努力《どりょく》でこの障害《しょうがい》を乗《の》りこえ、名曲《めいきょく》をたくさん作《つく》り続《つづ》けた。

もっと光《ひかり》を

ゲーテ

（詩人《しじん》・小説家《しょうせつか》）
1749〜1832

政治《せいじ》や自然科学《しぜんかがく》にもすぐれた多才《たさい》な人物《じんぶつ》。代表作《だいひょうさく》は『若《わか》きウェルテルの悩《なや》み』、約《やく》60年《ねん》の歳月《さいげつ》を費《つい》やした『ファウスト』など。

生《い》きた、書《か》いた、愛《あい》した。

スタンダール

（小説家《しょうせつか》）1783〜1842

父親《ちちおや》に反発《はんぱつ》して家《いえ》を出《で》て、大好《だいす》きな音楽《おんがく》と美術《びじゅつ》にひたり、様々《さまざま》な都市《とし》を旅《たび》した。代表作《だいひょうさく》に『赤《あか》と黒《くろ》』がある。

この世《よ》を去《さ》るとき、「いい人生《じんせい》だったな」と言《い》いたいものじゃのう…。

幸《しあわ》せを見《み》つけるために

自分《じぶん》にとっての幸福《こうふく》って何《なに》？

みんなが考《かんが》えているより**ずっとたくさん**の「幸福《こうふく》」が世《よ》の中《なか》にはあるのに、たいていの人《ひと》はそれを見《み》つけないのですよ。

モーリス・メーテルリンク（詩人《しじん》・劇作家《げきさっか》）1862〜1949

これは、チルチルとミチルが幸《しあわ》せの青《あお》い鳥《とり》を探《さが》しに行《い》く『青《あお》い鳥《とり》』という本《ほん》の中《なか》の言葉《ことば》。二人《ふたり》は青《あお》い鳥《とり》を見《み》つけられたかな？　きみにとっての青《あお》い鳥《とり》ってなんだろう？

まずは、自分《じぶん》が今《いま》持《も》っている幸《しあわ》せを見《み》つめよう

人間《にんげん》は自分《じぶん》が**幸福《こうふく》**だということを知《し》らないから不幸《ふこう》なのである。

フョードル・ドストエフスキー（小説家《しょうせつか》）1821〜1881

朝《あさ》、温《あたた》かいふとんの中《なか》で目覚《めざ》めた。「おはよう」と言《い》い合《あ》う友《とも》だちがいる。学校《がっこう》で新《あたら》しいことを教《おそ》わった。夕《ゆう》ご飯《はん》はハンバーグだった。全部《ぜんぶ》幸《しあわ》せの数《かず》に入《い》れよう。幸《しあわ》せの数《かず》を増《ふ》やしていくと、ますます幸《しあわ》せが寄《よ》ってくる！

幸福《こうふく》はしゅん間《かん》のこともあるね

人《ひと》が幸福《こうふく》を**口《くち》にする時《とき》**、幸福《こうふく》はすでに逃《に》げ去《さ》っている。

カール・ヒルティ（哲学者《てつがくしゃ》）1833〜1909

大切《たいせつ》な幸福《こうふく》を見《み》失《うしな》わないように、いつも全身《ぜんしん》で幸福《こうふく》を感《かん》じよう。

幸《しあわ》せかどうかは自分《じぶん》の心次第《こころしだい》

幸《しあわ》せを手《て》に入《い》れるんじゃない。幸《しあわ》せを感《かん》じることのできる心《こころ》を手《て》に入《い》れるんじゃ。

甲本《こうもと》ヒロト（ミュージシャン）1963〜

例《たと》えば、ほしいゲーム機《き》を買《か》ってもらったら、うれしくて幸《しあわ》せだ。ただし、そのときだけ。でもね、ゲーム機《き》を手《て》に入《い》れたことではなく、それを買《か》ってくれる人《ひと》がいることに感謝《かんしゃ》して幸《しあわ》せを感《かん》じるなら、きみは長《なが》い間《あいだ》幸《しあわ》せでいられるよ。

幸福《こうふく》は、小《ち》さな愛情《あいじょう》の積《つ》み重《かさ》ね

人生《じんせい》を幸福《こうふく》にするためには、日常《にちじょう》の瑣事《さじ》を愛《あい》さなければならぬ。

芥川《あくたがわ》龍《りゅう》之《の》介《すけ》（小説家《しょうせつか》）1892〜1927

瑣事《さじ》とはささやかなこと。新《しん》緑《りょく》の葉《は》、よく会《あ》うのらねこ、自分《じぶん》の机《つくえ》…。まずは身近《みぢか》なものから好《す》きになっていこう。

自分《じぶん》が幸《しあわ》せに感《かん》じることを大切《たいせつ》にしよう

幸福《こうふく》とは勝《か》ち取《と》るものでなく、育《そだ》てるもの。幸《しあわ》せとは、遠《とお》いところにある既存《きぞん》のものを奪《うば》うことではなく、自分《じぶん》のなかに育《そだ》て、その成長《せいちょう》を見守《みまも》るべきもの。

エドワード・M・ハロウェル（精神科医《せいしんかい》）1949〜

幸《しあわ》せとはどこか遠《とお》くにあるものじゃないし、すでにできあがったものでもない。自分自身《じぶんじしん》が内《うち》でつくりあげるオリジナルなものなんだ。

幸《しあわ》せな人生《じんせい》を送《おく》りたいきみへ

身近《みぢか》な幸《しあわ》せに気《き》づこう。自分《じぶん》にとっての幸《しあわ》せを感《かん》じよう。心《こころ》で感《かん》じた一《ひと》つ一《ひと》つを大切《たいせつ》にしよう。

出典《しゅってん》　『青い鳥』モーリス・メーテルリンク（新潮社）、『幸福論』カール・ヒルティ、『侏儒の言葉』芥川龍之介、『心ふるえる瞬間』エドワード・M・ハロウェル（ダイヤモンド社）、『ドブネズミの詩』ザ・ブルーハーツ（角川書店）

見つけよう！ ぼくの、わたしの、座右の銘

シリーズのご案内

好きになった言葉はあったかな？

1. 人生 — 人はなぜ生きるのか？
2. 友だち — 人間関係になやんだら
3. ピンチ — かべにぶつかったとき
4. 勝負 — 強い心を育てるために
5. 夢・希望 — 未来を明るく照らす

参考文献

『世界名言大辞典』梶山 健 編著（明治書院）
『日本名言名句の辞典』尚学図書 編集（小学館）
『創造の秘密』村井忠司 著（新風舎）
『勇気がわいてくる世界の名言』
名言発掘研究会 編（はまの出版）
『人生の指針が見つかる「座右の銘」1300』
別冊宝島編集部 編（宝島社）
『生徒に贈る 夢と希望がふくらむ150の言葉』
佐藤充彦 著（学事出版）
『時代を変えた科学者の名言』藤嶋 昭 編著（東京書籍）
『癒しの言葉』いのちの言葉 編集部 著
（角川春樹事務所）
『成功の言葉』いのちの言葉 編集部 著
（角川春樹事務所）
『いのちの言葉』いのちの言葉 編集部 著
（角川春樹事務所）
『心にのこる言葉』小野寺 健（筑摩書房）
『人生の言葉』
「人生の言葉」編集部 編（日本ブックエース）
『新版 児童生徒に聞かせたい 名言1分話』
柴山一郎 著（学陽書房）
『珠玉の日本語・辞世の句』北原照久 著（PHP研究所）
『文豪おもしろ豆事典』塩澤実信 著（北辰堂出版）
『アインシュタイン150の言葉』
ジェリー・メイヤー、ジョン・P・ホームズ 編
（ディスカヴァー・トゥエンティワン）
『中村天風 口ぐせにしたい「奇跡の言葉」』
池田 光 著（三笠書房）
『超訳 ゲーテの言葉』
ヨハン・ヴォルフガング・フォン・ゲーテ 著
金森誠也・長尾 剛 訳（PHP研究所）
『広辞苑 第六版』新村 出 編（岩波書店）

その他、地方自治体、公共機関、新聞社などのHPを参考にさせていただきました。

◆出典は可能な限り、名言掲載ページに記載しています。出典には、現在絶版になっている書籍もあります。また、記載した書籍以外にも、その言葉が登場する本がある場合もあります。複数の出版社から発行されている古典作品については、出版社を明記していないものもあります。

◆本書で使用している表記は、現代かなづかいに統一しています。漢字の表記は、原則として新字体を使用しています。原典にはなくても、漢字にはすべてルビをふっています。現在あまり見られない漢字は、かなに直して載せています。

● 無断転載・複写を禁じます。法律で認められた場合を除き、出版社の権利の侵害となりますので、予め弊社にあて許諾を求めてください。
● 乱丁・落丁本は弊社までお送りください。送料負担でお取り替えいたします。

監修	座右の銘研究会
装丁・本文デザイン	T.デザイン室（倉科明敏・林淳介）
表紙・本文イラスト	ナガタヨシコ
編集	教育画劇（清田久美子）
	オフィス303（桑原るみ）

見つけよう！
ぼくの、わたしの、座右の銘 ① 人生

2012年2月15日 初版発行
2020年12月10日 4刷発行

発行者　升川和雄
発行所　株式会社教育画劇
　　　　〒151-0051 東京都渋谷区千駄ヶ谷 5-17-15
　　　　TEL 03-3341-3400　FAX 03-3341-8365
　　　　http://www.kyouikugageki.co.jp
印刷所　大日本印刷株式会社
DTP制作　株式会社オフィス303

N.D.C.159　32p　280 × 210 cm　ISBN 978-4-7746-1649-0 C8095
（全5冊セット ISBN 978-4-7746-1648-3）
© KYOUIKUGAGEKI, 2012, Printed in Japan

雑草という名の草はない。

人生を恐れてはいけない。
人生に必要なものは、
勇気と、想像力と、少しのお金だ。